A ESCRAVIDÃO
VISTA PELO RETROVISOR

ROSANA PULGA

A ESCRAVIDÃO
VISTA PELO RETROVISOR

Carta de Paulo a Filêmon
e sua atualidade

Dados Internacionais de Catalogação na Publicação (CIP)
(Câmara Brasileira do Livro, SP, Brasil)

Pulga, Rosana
    A escravidão vista pelo retrovisor : carta de Paulo a Filêmon e sua atualidade / Rosana Pulga. – São Paulo : Paulinas, 2017. – (Coleção Bíblia na mão do povo)

    Bibliografia.
    ISBN: 978-85-356-4322-0

    1. Escravidão 2. Igualdade 3. Paulo, Apóstolo, Santo - Pontos de vista político e social 4. Relações sociais 5. Trabalhadores - Direitos I. Título. II. Série.

17-06184

CDD-261

Índice para catálogo sistemático:

1. Trabalho e escravidão : Apóstolo Paulo : Ponto de vista cristão :
Teologia social   261

1ª edição – 2017
1ª reimpressão – 2018

Direção-geral: *Flávia Reginatto*
Editora responsável: *Vera Ivanise Bombonatto*
Copidesque: *Mônica Elaine G. S. da Costa*
Coordenação de revisão: *Marina Mendonça*
Revisão: *Ana Cecilia Mari*
Gerente de produção: *Felício Calegaro Neto*
Capa e diagramação: *Jéssica Diniz Souza*

Nenhuma parte desta obra poderá ser reproduzida ou transmitida por qualquer forma e/ou quaisquer meios (eletrônico ou mecânico, incluindo fotocópia e gravação) ou arquivada em qualquer sistema ou banco de dados sem permissão escrita da Editora. Direitos reservados.

Paulinas

Rua Dona Inácia Uchoa, 62
04110-020 – São Paulo – SP (Brasil)
Tel.: (11) 2125-3500
http://www.paulinas.org.br – editora@paulinas.com.br
Telemarketing e SAC: 0800-7010081

© Pia Sociedade Filhas de São Paulo – São Paulo, 2017

Sinceros agradecimentos
à Professora Dra. Blanca Martín Salvago,
ao Professor José Dirlenildo Souza e
a todos os amigos e amigas que me possibilitaram
a publicação do presente trabalho.
De modo especial, agradeço a meu grupo de estudos:
Cooperadores Paulinos para o Evangelho,
de Vitória, ES, que me incentivaram
a aprofundar as Cartas Paulinas
e, juntos, viajamos por tantas alegrias
e sonhos de renovadas esperanças
para o nosso país, no momento,
em profunda crise sociopolítica.

Sumário

Apresentação 9

Introdução... 13

A escravidão no Império Romano:
contexto da carta e justificações.................................. 19

Filêmon como senhor do escravo:
contexto da carta e suas consequências 25

Onésimo – Escravo fujão 33

Onésimo e seu *habeas corpus*...................................... 39

Um olhar sobre a escravidão na atualidade brasileira.... 45

Reflexões de uma favelada sobre outra favelada........... 49

Considerações finais.. 51

Referências 53

Apresentação

Em pleno século XXI ainda vivemos em sociedades de maioria cristã, mas que convivem com formas de trabalho escravo, assistindo à relativização e, inclusive, à negação dos direitos dos trabalhadores, considerados mera força de trabalho e valorizados somente pelo lucro ou ganho que produzem. São relações contraditórias do ponto de vista cristão, se considerarmos a mensagem evangélica que prega relações mais fraternas, mais humanas e menos interesseiras, sem reduzir o outro a mero objeto.

Nilce Ercília Pulga (Irmã Rosana Pulga),[1] neste trabalho, traz uma reflexão a respeito da carta de Paulo a Filêmon. Mesmo sendo um texto muito breve, possibilita reflexões ainda válidas para nossa época. A autora apresenta a intervenção do apóstolo Paulo no grave problema da escravidão pelo viés do *habeas corpus*.

Com a carta, Paulo queria levar Filêmon à reflexão e a uma mudança de atitude com relação a Onésimo,

---

[1] Nilce Ercília Pulga (Irmã Rosana Pulga, Paulinas), bacharel em Teologia pela Pontifícia Universidade Católica de Minas Gerais, é pós-graduada em Cultura Teológica – EAD, pela Faculdade Salesiana de Campo Grande/MS, e atua na área da pastoral bíblica.
E-mails: rosanapulga@yahoo.com.br e rosana.pulga@paulinas.com.br

seu escravo. Com poucas palavras, Paulo faz um apelo à consciência de Filêmon para que a vivência de sua fé não fique na mera teoria, mas possa ser vivenciada e concretizada numa atitude de amor ao próximo, olhando para Onésimo não mais como escravo, mas como irmão.

Trata-se de um trabalho no qual Irmã Rosana traz a reflexão para a atualidade brasileira e faz um chamado a nossa consciência como cristãos. Ao contrário do que pode parecer, "mais hoje do que na época de Paulo apóstolo, verifica-se uma inversão de valores, quando não, uma perda total de princípios [...] hoje a escravidão é mais sofisticada quer em seu pensamento ideológico, quer em suas ferramentas de exclusão social" (Irmã Rosana Pulga).

Hoje, a maioria não aceita a escravidão, mas a prática nem sempre é coerente com esse discurso. Por isso, ainda é necessário o apelo ao cristão para que tenha consciência, saia da mera teoria e tome atitudes a fim de construir uma sociedade mais fraterna, mais igualitária.

A autora, com linguagem simples mas abrangente, e com metodologia pastoral, oferece aos seus leitores uma ferramenta preciosa para aprofundar o pensamento do apóstolo Paulo sobre uma realidade antiga e atual, e para, como pede o Papa Francisco, iluminar a realidade social com a luz e a sabedoria do Evangelho.

"É para isso que vamos à luta! É para isso que invocamos a força protetora do apóstolo Paulo! Não podemos deixar morrer a esperança de que dias melhores hão de vir para todo cidadão deste chão brasileiro afro-índio" (Irmã Rosana Pulga).

BLANCA MARTÍN SALVAGO

Profa. e orientadora do Curso Cultura Teológica – AD
Universidade Salesiana de Campo Grande, MS

Introdução

> "Obra-prima da arte epistolar,
> a ponto de Erasmo desafiar Cícero
> a ultrapassá-la na eloquência,
> a epístola a Filêmon é uma verdadeira joia
> da literatura antiga"
> (*Dicionário Enciclopédico da Bíblia*,
> verb. Filêmon, 2002, p. 541).

A carta de Paulo Apóstolo a Filêmon é muito breve – em formato bíblico: capítulo único dividido em 25 versículos. Nem por isso, entretanto, dispensa a ordem das grandes epístolas e sempre foi alvo de muitos questionamentos que vários estudiosos tentaram responder. Sem dúvida, como diz Bortolini: "se encontrássemos respostas a todas as perguntas, estaríamos em melhores condições para entender a Carta a Filêmon, tirando daí interessantes conclusões práticas" (BORTOLINI, 2008, p. 7). Não seremos, portanto, os últimos a aventurar-nos nesta proposta, uma vez que o campo permanece aberto.

No meu curso de Teologia, causou-me estranheza ouvir docentes acusando Paulo e até Jesus de não terem dito nada "abertamente" sobre o problema da escravidão. Esse questionamento me intrigou, levando-me a uma busca fiel até verificar que toda a ação de Paulo (e de Jesus) foi uma luta constante contra toda e qualquer forma de escravidão. Paulo serve-se de palavras, atitudes e ações para demonstrar que a escravidão não condiz com a libertação trazida a nós por Jesus Cristo. A escravidão é bestialidade humana e um mal em si mesma; é um atentado à liberdade e à dignidade humana, além de ser "inútil" para o bom espírito da sociedade sonhada por Paulo.

Após o chamado no caminho de Damasco, descrito em Atos dos Apóstolos (9,1-18): "Saulo, Saulo, por que me persegues?" (At 9,4), Paulo[2] compreendeu sua nova missão de tornar o Evangelho de Jesus Cristo conhecido e amado em todo o mundo. Na realização dessa vocação, ele mesmo foi duramente perseguido e escravizado (At 9,23-29). Na segunda Carta aos Coríntios confessa que foi açoitado com varas e chicotes, apedrejado até seus algozes tê-lo por morto; por várias vezes enfrentou a morte experimentando fome, sede, nudez, naufrágios, cadeias e abandono (2Cor 11,23-27). Portanto, uma vida de constantes lutas, esperanças e sofrimentos por causa do Evangelho.

---

[2] *Saulo* era seu nome de origem em hebraico, lembrando o rei Saul. Enquanto *Paulo* é de origem latina e significa "o pequeno". Ele o assume após a conversão, como um sinal de sua inculturação ao mundo helenista.

Foi durante uma de suas prisões romanas que Paulo recebeu Onésimo, um escravo que fugira de seu "senhor de escravos", Filêmon. Paulo o converte ao cristianismo. Experimentando, ele, na própria carne, os efeitos da "escravidão", escreve uma carta a seu "amado colaborador" em Cristo, Filêmon (v. 1). Paulo o faz como um gesto de confiança no "amigo", ciente de que ele próprio poderia estar incorrendo numa grave armadilha, posto que as autoridades romanas não viam com bons olhos quem ajudasse ou acolhesse um escravo fugitivo. O envolvimento de Paulo com o escravo Onésimo poderia comprometer sua própria liberdade. Ele poderia até ser punido pela lei romana, ao ser responsabilizado pelo suposto dano que o escravo fugitivo "causara" a seu senhor. No entanto, não observamos nenhum temor em Paulo ao colocar-se como defensor de um escravo não cristão.

Para Paulo, *em Cristo somos todos irmãos*, e como "irmão amado" pede a Filêmon que receba, em Cristo, Onésimo, evidenciando que na comunidade cristã não pode haver injustiças nem desigualdades: "não há mais diferença entre judeu e grego, entre escravo e homem livre, entre homem e mulher, pois todos vocês são um só em Cristo Jesus" (Gl 3,28; veja também 1Cor 12,13), e muito menos distinção de pessoas, porque Deus não leva em conta nem aparência, nem sabedoria ou poder (Rm 2,11; Gl 2,6; At 10,34).

Sem semelhança à lei romana, Paulo escreve a Filêmon e impetra, em termos modernos, um *habeas corpus* em favor do escravo Onésimo, considerando-o filho de suas entranhas, gerado para a fé cristã na prisão (cf. vv. 8 a 19).

É considerada uma carta de recomendação, com a finalidade de convencer Filêmon a receber seu escravo fugitivo, Onésimo, como a um irmão, a perdoá-lo, visto que Onésimo provavelmente furtou ou provocou algum dano financeiro a seu patrão (vv. 18-19), e a não lhe aplicar castigo algum. A lei romana prescrevia várias punições se um escravo fugisse e fosse capturado, como: ser assinalado com fogo no rosto, preso e condenado a trabalhos pesados, ser crucificado ou, ainda, entregue aos animais selvagens para ser devorado (A BÍBLIA, Introdução, 2016, p. 530).

Essa atitude de Paulo pode ser entendida como o primeiro *habeas corpus* de que se tem conhecimento na literatura cristã. Por esse viés do *habeas corpus*, Paulo toca abertamente o que há de mais grave e purulento no sistema produtivo do Império Romano – a escravidão. Ele tutela essa causa de forma *impessoal*, uma vez que toda libertação humana vem do único *Kirius*,[3] a quem Deus Pai constitui *Senhor* e perante o qual "*se dobrem todos os joelhos* dos seres que estão no céu, na terra, e debaixo da terra, e toda língua reconheça para a glória de Deus

---

[3] *Kirius*, na língua latina, significa "O Senhor".

Pai que Cristo é o Senhor" (Fl 2,6-11). Esse gesto de Paulo ultrapassa a pessoa de Onésimo. Vaza os interesses sociais de sua época, que via o "escravo" na sociedade como "coisa, objeto de trabalho". Este fato levou Paulo a interceder por Onésimo como pessoa, representando nele todos os escravos de todos os tempos; todos aqueles cuja liberdade lhes foi cerceada por qualquer motivo, fazendo deles escravos, "pessoas inúteis". Paulo afirma isso quando escreve aos Gálatas e confirma essa dignidade da pessoa humana: "Foi para a liberdade que Cristo nos libertou! Portanto, permanecei firmes e não vos sujeiteis outra vez a um jugo de escravidão" (Gl 5,1). Essa é a grandeza de Paulo: o seu amor incondicional à pessoa por causa de Jesus Cristo.

Observamos como os vestígios da escravidão no Império Romano, por mais evolução que possamos verificar de valor social, permanecem vivos nos tempos atuais. Que o digam as vozes dos excluídos que habitam as praças de nossas cidades; de tantos que vagam pelas ruas em busca de sobrevivência, pela falta de oportunidades e de comprometimento do Estado com a educação do cidadão; das pessoas idosas, consideradas hoje como improdutivas; dos negros ainda tão discriminados; das mulheres dominadas pelo machismo, responsável pela violência contra elas, pelos salários mais baixos do que dos homens e pelas raríssimas oportunidades de atuação na política e no desempenho de papéis religiosos importantes, entre outras situações.

Vive-se, hoje, numa sociedade produtora de total exclusão social, que, por consequência, gera continuamente novos escravos/Onésimos. Dessa forma, torna-se cada vez mais necessário apoiar-se na fé libertadora cristã, para denunciar um presente sistema de extrema submissão escravagista. Portanto, a carta de Paulo a Filêmon é de uma atualidade incontestável.

A escravidão no Império Romano: contexto da carta e justificações

Na sequência que classifica as Cartas Paulinas na Bíblia, a Carta a Filêmon ocupa o último lugar. De fato, não é uma carta doutrinária cristã nem de estilo parenético,[1] mas recomendações que brotam de um coração que tem experiência própria do que seja uma vida na sarjeta da sociedade de sua época. É o apelo veemente de um amigo a "um colaborador", ajudando-o a resolver a situação com seu escravo. É desse tema que a Carta a Filêmon se ocupa. Seu valor ético e social é de extrema densidade por tratar de uma questão de fundo na época do apóstolo e que se estende até os dias atuais. A carta está carregada de "uma mensagem profético-libertária cristã" (BARBOSA, 2014, destaque do autor) e de teologia prática – teologia aplicada ao concreto da existência humana. "Ela toca um tema explosivo e de vital importância para a sociedade romana, a escravidão" (HOEFELMANN, 2004, p. 1).

---

[1] *Parenético*: palavra grega que indica a arte de exortar, de pregar com ensinamentos morais.

Sem dúvida, uma das grandes feridas abertas pela dominação expansionista do Império Romano foi o sistema da escravidão. E no dizer de Hoefelmann, dele dependia praticamente o Império Romano. A produção de riqueza nascia da exploração do trabalho escravo, caracterizando toda a formação econômica, social, política e cultural da sociedade romana.

A questão era tão séria que alguns pesquisadores calculam que metade da população do Império Romano era constituída por escravos; outros chegam a falar que três quartos dos habitantes do Império ou eram escravos ou descendentes de escravos. Como diz Hoefelmann:

> [...] os escravos constituíam a principal força de trabalho nas médias e grandes propriedades rurais. Eles serviam o Estado na construção e conservação, como estradas, pontes e aquedutos. Exauriam suas forças nas minas e pedreiras onde trabalhavam, em especial, dissidentes políticos de menor categoria social, presos por dívidas – criminosos das classes baixas, ou escravos recuperados (HOEFELMANN, 2004, p. 1).

Evidentemente, os escravos eram produtos das guerras de conquista expansionista impostas pelo Império Romano a todas as colônias instaladas nas regiões de sua dominação. Muitos prisioneiros eram capturados, marcados a ferro no rosto e vendidos aos "senhores", que os compravam como objeto, *res* e força de trabalho.

Eram separados de suas famílias e entregues à sorte do futuro patrão.

Embora alguns autores tentem minimizar a crueldade da escravidão, é claro que ela constituía, na melhor das hipóteses, a chaga purulenta de uma sociedade dividida em classes sociais desumanas em suas relações com seus semelhantes. Os senhores tornavam-se literalmente proprietários de escravos, e alguns os possuíam em grande número, de acordo com as propriedades a serem trabalhadas. As condições de vida eram as piores, pois os escravos eram figuras ao lado dos utensílios e ferramentas mudos, como: enxadas, arados, bois, cavalos, panelas, fornos e outros.

Eles formavam as "ferramentas falantes" do trabalho, como dizia Aristóteles já antes de Cristo. Como *res* (coisa, objeto), eram pertença exclusiva de seu senhor, o qual tinha domínio absoluto sobre seus corpos. Podiam gerar filhos para a escravidão, mas eram impedidos de constituir a própria família.

É claro que um escravo custava muito para seu senhor, pois era preciso alimentá-lo, cuidar dele, para que estivesse em plena condição de trabalho, dar-lhe abrigo, mesmo que fosse entre os animais, e vigiá-lo para que não fugisse. Muitos tentavam a fuga, enquanto outros preferiam a morte mesmo. E os castigos infligidos aos escravos fugitivos eram sempre impiedosos:

[...] açoites, torturas, amputações e morte. A rebelião de escravos liderada pelo gladiador Espártaco, que entre os anos 73 e 70 antes de Cristo desafiou a ordem romana e infernizou suas legiões, culminou com a crucifixão de seis mil escravos ao longo da Via Ápia, que ligava Roma a Cápua. Ossários que guardam restos de escravos urbanos, em geral, mais bem tratados, mostram em muitos casos, mesmo vinte séculos depois, as marcas de suas condições de vida: alimentação precária, deformações físicas em virtude de trabalhos forçados, mortes prematuras. Raramente um escravo ultrapassava os 35 anos de vida (HOEFELMANN, 2004, p. 2).

Se tais eram as condições dos escravos no domínio do Império Romano, podemos muito bem supor que Paulo não as desconhecesse. Portanto, se eram de seu conhecimento, a Carta a Filêmon é, sem dúvida, um apelo veemente de Paulo contra a situação de escravidão reinante.

Contudo, Paulo usou da tática cristã proposta pelo Evangelho de Jesus Cristo, pois sua inteligência e habilidade pastoral o desaconselharam a usar os argumentos de um gladiador político e o aconselharam a usar as armas propostas por Jesus: acima de tudo, o amor: "antes te peço por amor, sendo tal como sou, Paulo, velho e também agora prisioneiro de Cristo Jesus" (v. 9).

Nascidas numa sociedade escravocrata, muito cedo, as comunidades cristãs viram-se cercadas pelos problemas dela decorrentes. Se no início o problema parecia distante, em torno dos anos 53 a 63 d.C. elas começaram a enfrentá-lo, e a carta de Paulo a Filêmon, e também a Primeira Carta aos Coríntios, o atestam plenamente:

> De fato, vede entre vós os chamados, irmãos: não há muitos sábios segundo a carne, nem muitos poderosos, nem nobres. Mas Deus escolheu o que é loucura no mundo para envergonhar os sábios; Deus escolheu o que era fraco para envergonhar os fortes, e Deus escolheu os que eram insignificantes e desprezíveis, aqueles que não são para aniquilar os que são, a fim de que nenhuma carne se vanglorie diante de Deus (1Cor 1,26-29).

Na carta aos Coríntios, Paulo dirige-se aos "crucificados da sociedade": os trabalhadores dos portos de Corinto. Paulo reconhece que a comunidade de Corinto é uma comunidade de crucificados, portanto, de escravos: "Eu mesmo, entre vós, decidi não saber nada, a não ser Jesus Cristo e este crucificado" (1Cor 2,2), identificando, portanto, aos escravos a cruz de Jesus Cristo.

Filêmon como senhor do escravo: contexto da carta e suas consequências

> "Dou graças ao meu Deus,
> lembrando-me sempre de ti em minhas orações,
> estando ciente do teu amor e da fé que tens
> para com o Senhor Jesus e todos os santos,
> para que a comunhão da tua fé se torne eficiente
> no pleno conhecimento de todo bem que há em nós,
> para com Cristo. Pois, irmão, tive grande alegria e conforto
> no teu amor, porquanto o coração dos santos
> tem sido reanimado por teu intermédio"
> (vv. 4-7).

Filêmon é nome grego e significa: "amoroso, amável". Homem notável da cidade de Colossas, colônia do Império Romano, na região da Ásia Menor.[1] É bem provável que se tenha tornado cristão por influência da pregação de Paulo. Portanto, um cristão, mas também senhor de escravos, de acordo com o sistema da época

---

[1] Colossas era uma pequena cidade no belo vale do rio Lico, que ficava cerca de 180 km a leste de Éfeso, perto de Denizli, na atual Turquia. Não longe dali estavam a próspera Laodiceia (Cl 4,16; Ap 3,14-22) e Hierápolis. Convém lembrar que Paulo não parou em Colossos em nenhuma das suas viagens, embora tenha passado bem próximo.

do Império Romano. Filêmon pertencia à igreja (*ekkle-sia*)[2] da cidade de Colossas, que, por sua vez, também tinha um grupo de cristãos que se reuniam em sua própria casa. Filêmon era um cidadão honrado, que testemunhava sua fé e cujas posses lhe permitiam ter escravos. Paulo considera Filêmon um "amado colaborador" (vv. 1.2.5-7; 10-12; Cl 4,9), pois colaborava na expansão do Evangelho, reunindo em sua casa uma iniciante comunidade cristã.

Provavelmente, Paulo ficou sabendo por meio de Epáfras da fé que animava Filêmon e do seu amor por todos os santos (Cl 1,7). Fé e amor genuínos são sempre inseparáveis, pois da fé se nutre o amor e do amor nascem as boas obras e a *koinonia*: comunhão, partilha, companheirismo. Essas eram as virtudes cristãs e humanas que animavam Filêmon. O desejo de Paulo de se hospedar com Filêmon reflete favoravelmente o gesto hospitaleiro desse homem (v. 22; At 16,14-15).

Observamos que a carta não é dirigida somente a Filêmon, mas também à "igreja que se reúne na casa

---

[2] *Êkklesia*: da língua grega, mas somente a partir do séc. III d.C. o termo seria empregado para designar a comunidade de fé que se reúne, como abreviação de *ho tes ekklesia oikos*, "a casa da Igreja". *Ecclesia*, transcrita do grego pelos primeiros escritores latinos, designa, de modo profano, a assembleia do povo; em sentido religioso, designa a comunidade cristã, para estender-se depois à Igreja universal (*Dicionário Enciclopédico da Bíblia*, 2002, p. 661). Apenas a partir do séc. III d.C. as igrejas começaram a possuir edifícios para seus cultos.

de Filêmon"[3] (v. 2). Na carta Paulo menciona "a irmã Ápia"[4] e Arquipo, chamando-o de "companheiro de luta" (v. 2). O apóstolo já havia fundado várias comunidades cristãs, servindo-se da "casa", ou seja, da família dos seus convertidos ao cristianismo, os quais ofereciam sua casa como lugar de culto cristão e se tornavam seus colaboradores para o Evangelho. De modo que há uma rede de relações entre a comunidade de Colossas à qual pertence Filêmon e a igreja doméstica que se reúne em sua própria casa (Rm 16,5-3; Cl 4,15). Paulo havia dito que em Cristo somos todos irmãos, pelo Batismo, de modo que todos, judeus e gregos, homem e mulher, escravos e libertos, são contemplados por Deus na mesma dignidade, pois todos são um em Cristo (cf. Gl 3,27-28). Segundo Bortolini, devolvendo o escravo Onésimo, agora cristão, Paulo pede a Filêmon que o acolha como "irmão em Cristo", ou seja, que rompa de vez com o siste-

---

[3] "A *casa*, como lugar de reunião litúrgica, é uma das características das igrejas cristãs primitivas, porém o culto nas casas era um costume sociorreligioso do ambiente greco-romano, bem como uma prática dos fariseus" (*Bíblia*: Novo Testamento, 2016, nota de rodapé, p. 531).

[4] "A irmã Ápia" é um nome comum nas inscrições frígias. "Ápia" vem de *appha* e é a alcunha carinhosa que um irmão dirige a sua irmã. Ápia pode ter sido a esposa do próprio Filêmon. Do mesmo modo é incerto se Arquipo é ou não filho de Filêmon, porque Arquipo literalmente se traduz como "o dominador de cavalos" ("nosso companheiro de luta"); equivaleria a dizer hoje "nosso irmão soldado". Certamente era alguém importante, com alguma função na comunidade de Colossas, mas não de Laodiceia, como querem alguns estudiosos (cf. Cl 4,17) (BÍBLIA SAGRADA AFRICANA, 2004, p. 2.115, nota de rodapé).

ma escravagista em nome do Evangelho (BORTOLINI, 2008, p. 9). E sendo que a carta é dirigida a Filêmon e à comunidade cristã por ele dirigida, todas as comunidades podem beneficiar-se da carta do apóstolo. Aliás, ela extrapola o singular e torna-se plural; é para todos os escravos, para todos os senhores de escravos, em todos os lugares e em todos os tempos.

Paulo escreve a carta de próprio punho (v. 9) e na situação de prisioneiro (vv. 1.9.13), recordando a Filêmon que suas forças físicas estão diminuindo, pois está velho (v. 9); fato que dá mais veracidade ao seu conteúdo. Não há como contestá-lo.

Em geral, calcula-se que Paulo tivesse entre 50 e 55 anos quando escreveu a carta a Filêmon em favor de Onésimo. O fato de Paulo poder escrever de seu próprio punho nos revela que essa prisão era, em termos de hoje, domiciliar. Os romanos tinham duas formas de prisão: uma onde o prisioneiro ficava fechado no cárcere (normalmente uma gruta, como o cárcere Mamertino em Roma), um lugar frio, úmido, pequeno, trazendo-lhe grande sofrimento; e outra forma era manter o prisioneiro preso pelo pulso ao pulso

Prisão romana em Filipos

Paulo e suas cartas

Cárcere Mamertino, Roma

de um soldado, que o vigiava dia e noite, mas que permitia ao condenado certa liberdade.

De onde Paulo teria escrito a carta? Roma? Éfeso? As próprias cartas e também Atos dos Apóstolos narram que Paulo esteve preso em diversas ocasiões e em diferentes lugares, como: Filipos (At 16,24), Jerusalém e Cesareia (At 21,34; 26,32), Roma (At 28,16) e, segundo o próprio Paulo na carta aos Coríntios (1Cor 15,32), em Éfeso, na sua terceira viagem. Por conta disso, há divergências entre os estudiosos quanto ao local de origem da Carta a Filêmon. Alguns a situam na prisão de Roma, outros em Éfeso. Também se entende esta hipótese: primeiro, uma vez que o domínio é do Império Romano, qualquer prisão será sempre romana (na prisão romana de Éfeso); segundo, porque seria muito difícil para um escravo fugitivo percorrer a distância que separava Colossas, na Ásia Menor, de Roma, na Europa, e, ainda mais, tendo de atravessar o mar Mediterrâneo.

Portanto, Éfeso estaria relativamente perto, dado que são aproximadamente 180 km que separam as duas localidades. E como Onésimo ter-se-ia encontrado com Paulo?

> Há duas possibilidades de interpretação. Na interpretação tradicional, o escravo encontra-se com Paulo, converte-se e é enviado de volta a Filêmon, uma vez que, na lei romana, a pessoa que ficasse com um fugitivo mais de vinte dias era considerada ladra, pois o escravo era propriedade do seu senhor. Na segunda interpretação, Onésimo recorre a Paulo para que interceda a seu favor, baseado no costume jurídico latino *amicus domini* (amigo do patrão), atestado no século I. Esta hipótese é a mais provável, diante da preocupação de Paulo em restituir o dano econômico causado por Onésimo e por recordar a amizade que une Paulo a Filêmon (BÍBLIA, Introdução, 2016, p. 530; também, confira no mapa na página 32 a posição geográfica das localidades).

Em Cristo, Paulo estaria investido de autoridade divina e poderia exigir obediência a Filêmon. Em vez de exercer seu direito, Paulo apela para o amor. Amor que ele reconhece em seu amigo e, pelas orações que sempre faz por Filêmon, lhe dá provas de que ele também o ama (vv. 4-7); consequentemente, espera dele uma obediência livre em Cristo. Na Primeira Carta aos Coríntios (9,4-6.15), Paulo afirma que busca ser um apóstolo autêntico, com direito de comer e beber, de levar consigo uma esposa irmã em suas viagens missionárias e, também, de receber o devido sustento. Em seguida declara de modo enfático: "Eu, porém, não me tenho servido de nenhuma destas coisas" (1Cor 9,15). Isso mostra a intenção de seu pedido a Filêmon em favor de Onésimo: a gratuidade do amor. Aos filipenses recomenda que tenham os mesmos sentimentos que havia em Jesus Cristo, o qual de rico se fez pobre por amor (Fl 2,5). Assim, Paulo advoga, no amor, em favor do "filho" Onésimo, mediante as recomendações dirigidas ao amigo e "irmão em Cristo", seu "amado colaborador", Filêmon (v. 1).

Mar Negro

Mar Mediterrâneo

ROMA

COLOSSOS

ÉFESO

MACEDONIA

BITINIA

GALACIA

FRIGIA

MISIA

ACAIA

CRETA

CILICIA

SIRIA

CHIPRE

PANFILIA

Mar Egeu

Mar Morto

Mar Vermelho

Nilo

Jordão

MALTA

Primeira viagem missionária
de Paulo (At 13,1–14,28)

Segunda viagem missionária
de Paulo (At 15,39–18,22)

Terceira viagem missionária
de Paulo (At 18,23–21,07)

Onésimo – Escravo fujão

"... Onésimo, o filho que gerei na prisão...
eu o mando de volta para você
como se fosse meu próprio coração"
(Fm 10-12).

Quem é Onésimo[1] para merecer tanto carinho da parte de Paulo? Seria "um" escravo ou um entre outros? Em geral, o "senhor" era dono de mais de um escravo, algumas vezes de muitos. Em todo caso, a carta fala de um escravo fujão que recorre a Paulo e recebe do apóstolo toda a atenção. Onésimo, além de pagão, era socialmente um escravo que por algum motivo (furto?) causara prejuízos ao seu dono, vendo-se obrigado a buscar refúgio junto a Paulo, o qual, após tê-lo regenerado na fé cristã, o devolve ao seu dono, para que o acolha e o integre não mais como um escravo, mas como um irmão.

---

[1] *Onésimo* provém da língua grega e significa "útil". Santo Inácio de Antioquia afirma, em sua *Carta aos Efésios*, que Onésimo, mais tarde, ter-se-ia tornado bispo de Éfeso (Inácio de Antioquia. *Carta aos Efésios* 1,3). A escravidão é "inútil", mas a liberdade é sempre "útil".

O termo "irmão" tem uma conotação metafórica, pois, para Paulo, essa palavra designa os cristãos que pela fé em Cristo formam uma só família. Shedd e Mulholland afirmam que

> Paulo tem uma preocupação pastoral em relação a Filêmon, bem como para com Onésimo. Cada um dos dois tem a oportunidade de viver de acordo com as exigências do amor de Deus, por mais que isso seja custoso. O amor não é obrigação, é o "testemunho" que deve caracterizar o cristão e a Igreja (Jo 13,35) (SHEDD; MULHOLLAND, 2005).

Como escravo, Onésimo era considerado *res*; e escravos fugitivos, gente do mais baixo nível, sujeitos a castigos cruéis, bem como à morte. Onésimo tem a oportunidade de conhecer e desfrutar do amor de Paulo, que passara a considerá-lo "filho gerado entre algemas" (v. 10). Paulo usa a relação "pai"/"filho", assim como os rabinos usavam a relação "mestre"/"discípulo".

Na verdade, Paulo está querendo dizer que, enquanto estava na prisão, gerou para a fé em Jesus Cristo "uma criança", e seu nome é Onésimo.

Como escravo ele era inútil para ti, da mesma forma que a escravidão é sempre inútil, mas agora, passa a ser "útil", "Onésimo", para ti e para mim; da mesma forma que a liberdade será sempre útil a qualquer pessoa.

Esse jogo de palavras revela a sutileza de Paulo em abordar a questão da escravidão *versus* a liberdade. Paulo recupera o escravo fujão e o devolve como cristão, fazendo jus a seu nome: Onésimo, ou seja, "útil". E, para clarear ainda mais sua atitude, Paulo recorda a Filêmon que Onésimo poderia ser-lhe muito útil na prisão, mas ele renuncia ao direito de mantê-lo consigo e o reenvia a ele como seu próprio coração (v. 12). Paulo segue o exemplo de Jesus Cristo, que se fez *goel*,[2] resgatando a humanidade toda para Deus. Como pessoa humana, tem consciência de que ele mesmo recebeu um *habeas corpus* do seu Senhor, que lhe conquistou a plena liberdade no seu sangue. "Foi para a liberdade que Cristo nos libertou!" (Gl 5,1).

Segundo Pena (2002), "a filosofia estoica representou um passo decisivo quanto a uma compreensão mais humana da dignidade do escravo e reporta as palavras de Sêneca, contemporâneo de Paulo":

[...] São escravos, sim, mas também homens. São escravos, sim, mas também companheiros de habitações. São escravos, sim, mas também humildes amigos. São escravos, sim, mas também companheiros da escravidão. Se refletires verás que uns e outros estão sujeitos aos caprichos da sorte. Por isso, eu me rio dos que julgam ser uma desonra comer com seu próprio escravo... É um es-

---

[2] *Goel*, do grego, significa "resgatador".

cravo, mas talvez de alma livre... Indica-me alguém que não seja escravo: há quem seja escravo da luxúria, quem da ganância do dinheiro, outros da ambição, outros da esperança... outros, ainda, do medo... mas nenhuma escravidão será mais vil do que aquela submetida à nossa própria vontade (SÊNECA, Epíst. 47, 1.2.10.16.17).

Nesse sentido, Paulo dá um passo fantástico em relação ao filósofo Sêneca, quando recorda a seu amigo Filêmon que as coisas pensadas segundo Jesus, o Filho de Deus, são bem diferentes: "sendo livre de todos, fiz-me escravo de todos, a fim de ganhar o maior número possível" (1Cor 9,19). Por respeito à lei romana, Paulo tem de devolver o escravo; por respeito à lei divina, ele é livre de fazê-lo, posto que agora Onésimo é um "irmão em Cristo".

Ora, esta atitude revela o quanto Paulo arrisca a própria vida diante das leis vigentes no que toca à escravidão. Em vista dessas atitudes Paulo, Filêmon e Onésimo não pertencem à "família da escravidão romana", pois se tornaram membros vivos da grande "família dos filhos de Deus" pelo Batismo da fé. Portanto, não há mais escravos ou livres, mas "um só em Cristo Senhor", lembrando a recomendação dada aos cristãos de Roma: "acolhei-vos uns aos outros como Cristo nos acolheu" (Rm 15,7), porque o amor é o plano de Deus para todos os seus filhos.

Ao fazer esse apelo a Filêmon em favor do escravo Onésimo, é como se Paulo zombasse da fraqueza do sistema escravagista, assim como Sêneca ria dos senhores que se julgavam livres.

Dessa forma, estamos diante de uma verdadeira *revolução* feita não com as armas de fogo ou punhais e cavalaria, mas com as armas do amor que vence todas as escravidões, como cita Hendriksen, quando diz que: "O que Paulo ensina [...] é que o amor vindo de ambos os lados (senhores e escravos) é a única solução". Este amor é a única resposta de Deus para seus filhos, seja este filho preto ou branco, escravo ou livre. É este amor de Deus que derrete a crueldade transformando-a em bondade e, assim fazendo, transforma déspotas em patrões bondosos, escravos em servos livres: "Pois bem, se eu, sendo Senhor e Mestre de vocês, lavei-lhes os pés, vocês também devem lavar os pés uns dos outros" (Jo 13,14). Portanto, Paulo, com seu apelo ao amor de Cristo Jesus, condena toda e qualquer dominação escravagista.

Onésimo e seu *habeas corpus*

"Se, pois, me consideras em comunhão contigo,
recebe-o como a mim próprio.
E se ele te causou algum dano, põe isso a minha conta.
Sou eu, Paulo, que o escrevo pela minha própria mão:
serei eu a pagar. Isto, para não te dizer que
me deves a tua própria vida"
(vv. 17-19).

Depois do que se trabalhou até o presente momento, pode-se dizer que a carta de Paulo a Filêmon pode ser muito bem entendida no mundo contemporâneo como o instrumento *jurídico* denominado *habeas corpus*. A carta se determinou restituir diretamente a liberdade em sua plenitude ao escravo Onésimo, que fugiu do seu senhor, em pleno direito escravocrata do Império Romano, na segunda metade do primeiro séc. d.C.

Na carta, seu autor, Paulo, defende a tese de que Onésimo não poderá mais ser escravo ou sofrer as penalidades inerentes a um escravo faltoso dos seus deveres, em razão de sua conversão ao cristianismo. Como cristão, Onésimo tornou-se livre, ou seja, quebrou as correntes que o tornavam escravo do seu senhor de escravos, Filêmon. É a Filêmon que Paulo envia a carta, determinando que receba Onésimo, o escravo fujão, como cristão e liberto dos grilhões da escravidão do Império Romano.

Dessa forma, afirma-se que a Carta a Filêmon, como senhor de escravos, vai muito além de um *habeas corpus*; é um tratado de abolição da escravatura dentro da comunidade cristã de Colossas e da Ásia menor. Ela extrapola o tempo e o espaço para dirigir-se a todo ser humano.

Para que melhor se entenda a dimensão do feito paulino, veja-o à luz do direito pátrio e nos passos do constitucionalista Alexandre de Moraes,[1] que entende que o conhecimento de liberdade na Antiguidade e na Idade Média em nada se assemelha aos ideais modernos de liberdade e de igualdade.

Para o jurista, o instrumento denominado *habeas corpus* tanto tem origem na Carta Magna inglesa outorgada pelo Rei João Sem Terra, no ano de 1215, como também no reinado de Carlos II, quando da edição da *petition rights*, que culminou com o *Habeas Corpus Act* de 1679; este, pela sua importância, também está presente na Declaração dos Direitos Humanos promulgada em 1948.

---

[1] MORAES, Alexandre de. *Direito Constitucional*. 30. ed. São Paulo: Atlas, 2014. p. 130 a 148.

No Brasil, o *habeas corpus* chegou com a vinda de D. João VI em 1821. Constou implicitamente na Constituição Imperial de 1924, depois, expressamente no direito pátrio, no Código de Processo Penal de 1932, elevou-se a regra constitucional, pela primeira vez, na Constituição de 1891, e, por fim, no art. 5º, inciso LXVIII, da Constituição de 1988, *in verbis*:

> Art. 5º Todos são iguais perante a lei, sem distinção de qualquer natureza, garantindo-se aos brasileiros e aos estrangeiros residentes no país a inviolabilidade do direito à vida, à liberdade, à igualdade, à segurança e à propriedade, nos termos seguintes: [...]
>
> LXVIII – conceder-se-á *habeas corpus* sempre que alguém sofrer ou se achar ameaçado de sofrer violência ou coação em sua liberdade de locomoção, por ilegalidade ou abuso de poder;

Em todas as épocas passadas, o *habeas corpus*, direta ou indiretamente, serviu e serve até os dias atuais de instrumento promotor da liberdade de ir e vir do cidadão ameaçado pelos sistemas ideológicos repressivos. Qualquer cidadão, portanto, que se sinta ameaçado ou violado em seus direitos fundamentais inerentes à liberdade, reconhecidos pela Constituição e pelas leis de seu país, pode utilizar-se desse instrumento ante o tribunal, requerendo a devida tutela.

Esse instrumento é de tamanha valia que qualquer cidadão que teve sua liberdade cerceada, mesmo sem ter nenhum causídico (paráclito) a seu favor, pode, como cidadão do lugar em que esteja enclausurado, redigir do próprio punho o seu *habeas corpus*, dirigindo-o ao tribunal, explicando suas razões e requerendo sua liberdade.

Da mesma forma, no caso de Onésimo, que fugiu das garras do seu senhor de escravos, Filêmon, e recorreu a "Paulo, prisioneiro de Cristo Jesus" (v. 1), para que pedisse em seu favor, como filho gerado na prisão (v. 10), Paulo nada mais fez, senão, impetrar a Filêmon um *habeas corpus*, fundamentado na tese de que ser cristão é possuir os atributos de liberdade e de igualdade.

Veja-se: "Antes, ele (Onésimo) era inútil para ti (Filêmon), mas agora é útil" (v. 11). O pedido de Paulo em favor de Onésimo significa um ultimato de Paulo a Filêmon, como cristão, para que o aceite de volta, não mais como escravo – pois Onésimo nada valia, era inútil para seu senhor – mas como cristão e agora irmão liberto.

O que significa entender da mesma forma que Paulo, na Carta a Filêmon, toca na "ferida" ou na "chaga" do Império Romano, que continha em seu bojo um sistema de dominação escravocrata.

Daí a imperiosa necessidade de ser levada em conta a caminhada do humano, desde a sua criação/origem (Gn 1,26), feita de lutas pelas sociedades humanas, com suas ideologias, até ao cumprimento do ideal da criação pelo Criador: a plena liberdade contida desde a primeira bênção (Gn 1,28), que foi recebida diretamente de Deus. Por liberdade, como termo bíblico, é preciso que seja compreendida como a capacidade do criado (o humano) de escolher, por determinação do seu Criador, Deus, entre o bem e o mal, o caminho a seguir.

De fato, como expressão máxima da essência do ideal cristão, a liberdade foi incompreendida pelas ideologias que dominaram a vida do homem em sociedade, fundamentalmente no Império Romano. Nesse sentido, portanto, pode-se afirmar que "A Carta a Filêmon presta-se muito bem para o aprofundamento das novas relações geradas pelo anúncio do Evangelho" (BORTOLINI, 2008), no meio em que imperou o sistema de dominação escravocrata.

Merece ser observado que Paulo, na maioria das cartas que escreveu, se apresenta como "apóstolo de Cristo Jesus". No entanto, na "Carta a Filêmon" apresenta-se como "prisioneiro de Jesus Cristo", repetindo isso mais duas vezes (vv. 1.9), como um "mantra", para que Filêmon, enquanto cristão, renunciasse a ser senhor de escravos em pleno Império Romano. Por outro viés, caso Paulo se apresentasse como apóstolo a Filêmon, este lhe seria superior e não se trataria de um cristão em situação de igualdade e fraternidade com Paulo, mas sim de um senhor de escravos.

Daí toda a sabedoria e delicadeza de Paulo ao tratá-lo como "amigo colaborador" (v. 1), "irmão" (vv. 7.20) e "irmão na fé" (v. 18), o que simplifica em muito a mudança na relação de um irmão a outro irmão na fé, como fez na Carta aos Gálatas 3,28: "não há mais diferença entre judeu e grego, entre escravo e homem livre, entre homem e mulher, pois todos vocês são um só em Cristo Jesus".

Um olhar sobre a escravidão na atualidade brasileira

A sociedade atual é fomentadora de exclusões e produtora de escravos "Onésimos", submissos, forçados, comprados, iludidos, refugiados!

No dizer de Pereira (2008):

O trabalho escravo existe desde os tempos remotos. No Brasil, ele está relacionado à herança cultural, à desigualdade e à impunidade até nossos dias. Trabalhadores abandonam suas cidades de origem e aceitam propostas sedutoras feitas por aliciadores, no intuito de suprir suas necessidades básicas, submetendo-se à escravidão e/ou práticas análogas a esta, utilizadas pelo escravocrata contemporâneo que surgiu no contexto da globalização neoliberal.

Os princípios protetivos do trabalho inseridos na Constituição Federal Brasileira de 1988 e os princípios constantes na Consolidação das Leis do Trabalho são mitigados pela situação de vulnerabilidade e necessidade do trabalhador que busca sua dignidade no trabalho, a fim de suprir o que o Estado deveria lhe fornecer. Com o advento da Lei 10.803/2003 ampliou-se o rol das formas de trabalho em condições análogas a de escravo, o que facilitou a tipicidade da conduta do escravocrata. Diversas medidas com o propósito de erradicar o trabalho escravo contemporâneo estão sendo tomadas pelo Estado, pela Organização Internacional do Trabalho e pela Sociedade Civil. Mesmo assim a situação persiste (PEREIRA, 2008).

Talvez mais hoje do que na época de Paulo apóstolo, verifica-se uma inversão de valores, quando não uma perda total de princípios considerados valores. A humanidade tateia na escuridão da ética e da moral, precisando se reencontrar, pois está perdida, desnorteada, sobretudo, ante as novas tendências de sujeitar as leis ao capital em detrimento da pessoa humana. Nossos jovens carecem de oportunidades que valorizem sua autoestima. Desesperados, refugiam-se na droga, na promiscuidade, no roubo, na violência e no vazio existencial. Isso porque a sociedade detentora do poder encontra-se corrompida pela ganância, pelo individualismo, pela sede de poder; e assim, contaminados por esses males, são como "feras insaciáveis desejando sempre mais seres humanos para serem dilacerados nos dentes afiados da exploração" (PEREIRA, 2008).

O que diria o apóstolo Paulo a esta sociedade que, depois de três milênios de civilização, continua tão cruel e geradora de escravos como no seu tempo? Aliás, hoje a escravidão é mais sofisticada quer em seu pensamento ideológico, quer em suas ferramentas de exclusão social. Como diziam os antigos filósofos, "o homem é um lobo para o homem".

Voltamos a afirmar que a escravidão contemporânea é mais cruel hoje, pois se caracteriza pelo cerceamento da liberdade, pela degradação das condições de trabalho, pela servidão por dívida, pela inadequação à saúde pública e à educação, pela desvalorização do ser humano, pelo uso da violência, pelo acirramento das relações sociais, pelo desrespeito e pela violação aos direitos humanos. Imagine se arriscássemos abrir um capítulo sobre a escravidão a que é subjugada a mulher brasileira! Paulo, em sua Carta a Filêmon, intercede pelo escravo Onésimo, porém, sua carta é dirigida a toda a comunidade. Faz questão de nomear Ápia, provavelmente esposa de Filêmon. A partir desse gesto, podemos observar o valor que Paulo dedica à mulher e à sua inclusão social.

A exclusão social torna os marginalizados cada vez mais supérfluos e incapazes de ter uma vida digna, levando-os a um esforço sobrenatural para obter o mínimo necessário a sua sobrevivência. Por isso, Paulo tem sempre como vínculo de libertação o amor aprendido de Jesus Cristo, que nunca fez distinção de pessoas. Antes, sua maior atenção era para com os marginalizados e relegados às várias formas de escravidão. Essa atitude torna-se extremamente necessária hoje. É sobre esses valores morais e éticos apresentados pelo Evangelho de Jesus Cristo e pelas cartas de Paulo que haveremos de pautar nossa luta, em busca de uma liberdade cristã capaz de destruir todas as formas de escravidão que existem em nossa sociedade brasileira hoje.

Reflexões de uma favelada sobre outra favelada

"O mérito faz as pessoas crerem, falsamente, que basta ser trabalhador, dedicado e inteligente para chegar aonde *Rafaela Silva*[1] chegou. Na verdade, a questão maior é que é necessário um esforço descomunal para chegar a lugares que alguns poucos alcançam, muitas vezes, sem suor algum. *Rafaela* é brilhante, mas muitos de nós, tão brilhantes quanto ela, ficamos pelo caminho por conta de balas perdidas, falta de financiamento, violência policial, agressões à mulher e racismo."

O comentário é de *Ana Paula Lisboa*.[2] Segundo ela: "*Rafaela* deveria voltar para casa ovacionada, passear de carro aberto pelas ruas da Cidade de Deus, afinal, ela estava a poucos minutos do lugar onde nasceu. Mas isso não foi possível: desde sábado a comunidade sofre com intensos tiroteios. Cidade de Deus é ouro, e é chum-

---

[1] Rafaela Silva, moradora da Cidade de Deus (favela carioca), que ganhou medalha de ouro no judô, nas Olimpíadas do Rio, em 2016.

[2] Ana Paula Lisboa, moradora do Complexo da Maré (favela), Zona Norte do Rio, formada em Letras e escritora. Em 2014 recebeu o 1º Prêmio Carolina de Jesus, dado a pessoas que tiveram suas vidas mudadas pela Literatura.

bo. Festejamos Rafaela, choramos com ela e sua família, seus amigos, mas não esqueçamos os outros que ficaram pelo caminho. Não nos esqueçamos do racismo que ela sofreu em 2012, e mais ainda do que ela sofre todos os dias" (artigo publicado por *Portal Uol*, em 09/08/2016. Acesso em: nov. 2016).

Considerações finais

A escravidão nem sempre teve significados, formas e objetivos iguais. Por exemplo, entre as tribos mais primitivas, no dizer de Luciana Pereira,

> podia ser apenas um momento de espera antes que os vencedores devorassem os vencidos, apropriando-se de sua força e coragem. Assim o escravo tinha um valor de uso, mas não de troca; e a própria morte lhe assegurava a vida, incorporando em outro corpo o seu espírito guerreiro (PEREIRA, 2008).

Sem dúvida alguma, fatores históricos como a invenção e o domínio da escrita e o advento do comércio transformaram e alteraram a relação entre os humanos. No momento em que se alteram as relações substancialmente, surge o que ficou conhecido como civilização. A civilização vem marcada pela produção de excedentes econômicos, e de grupos fortes que se apropriaram desses excedentes; pelo nascimento da propriedade privada dos meios de produção, do capitalismo ao neoliberalismo; e pelas classes sociais e pelo Estado.

Diante disso a escravidão, embora permaneça no mesmo patamar da coerção da liberdade, muda de nome e de aspectos das mais variadas formas e cores. Importa, portanto, que a sociedade tome consciência dessa escravidão moderna e lute com garra para obter para todo cidadão, mulher e homem, a dignidade de ser humano; e para que, conforme o pensamento de Paulo, não haja nenhuma diferença entre raça e cor, homem e mulher, empresário, político e cidadão trabalhador.

Estas coisas já passaram. Faz-se mister construir hoje uma nova sociedade fraterna, igualitária, soberana no equilíbrio da sua liberdade e igualdade socioeconômica. Portanto, não podemos deixar morrer sem mais nem menos as organizações sociais que visam à justa distribuição dos lucros. É necessário continuar pondo o dedo nas chagas que reproduzem os escravos modernos, obrigando os dirigentes políticos e magistrados a produzirem leis em favor da dignidade humana, em favor do direito e da justiça equitativa.

É para isso que vamos à luta!

É para isso que invocamos a força protetora do apóstolo Paulo!

Não podemos deixar morrer a esperança de que dias melhores hão de vir para todo cidadão deste chão Brasil afro-índio.

Referências

A BÍBLIA: Novo Testamento. Tradução dos originais gregos. São Paulo: Paulinas, 2016.

A BÍBLIA PARA ESTUDOS. Tradução de João Ferreira Almeida. São Paulo: Sociedade Bíblica, 2005.

BÍBLIA SAGRADA AFRICANA. Maputo, Moçambique: Paulinas, 2004.

BORTOLINI, José. *Como ler a Carta a Filêmon*: em Cristo todos somos irmãos. 3. ed. São Paulo: Paulus, 2008.

DICIONÁRIO ENCICLOPÉDICO DA BÍBLIA. 2002.

LISBOA, Ana Paula. Artigo publicado pelo *Portal Uol*. 09/08/2016. Acesso em: nov. 2016.

MCKENZIE, Johan L. *Dicionário bíblico*. 10. ed. São Paulo: Paulus, 2001.

MORAES, Alexandre de. *Direito Constitucional*. 30. ed. São Paulo: Atlas, 2014.

PENA, Romano. *Lettera ao Filippesi*: letera a Filêmone. Roma: Citta Nuova, 2002. Col. Nuovo Testamento comento esegetico e spirituale.

PEREIRA, Luciana Francisco. A escravidão contemporânea e os princípios do Direito do Trabalho. *Âmbito Jurídico*, Rio Grande, XI, n. 59, nov. 2008. Disponível em: <http://www.

ambito-juridico.com.br/site/index.php?n_link=revista_artigos_leitura&artigo_id=5242>. Acesso em: nov. 2016.

SHEDD, Russell; MULHOLLAND, Dewey. *Epístolas da prisão*: uma análise de Efésios, Filipenses, Colossenses e Filêmon. São Paulo: Vida Nova, 2005.

SHÖKEL, Alonso. *Bíblia do Peregrino*. Nova edição revista e ampliada. São Paulo: Paulus, 2011.

XAVIER, José Donizete; SILVA, Maria Freire (org.). *Pensar a fé teologicamente*. São Paulo: Paulinas, 2007.

Impresso na gráfica da
Pia Sociedade Filhas de São Paulo
Via Raposo Tavares, km 19,145
05577-300 - São Paulo, SP - Brasil - 2018